ACTUALITÉS

ET

SOUVENIRS POLITIQUES

61,71. — Boulogne (Seine). — Imp. JULES BOYER et Cie.

ACTUALITÉS

ET

SOUVENIRS POLITIQUES

PAR

M. le Baron Jérôme DAVID

ANCIEN MINISTRE

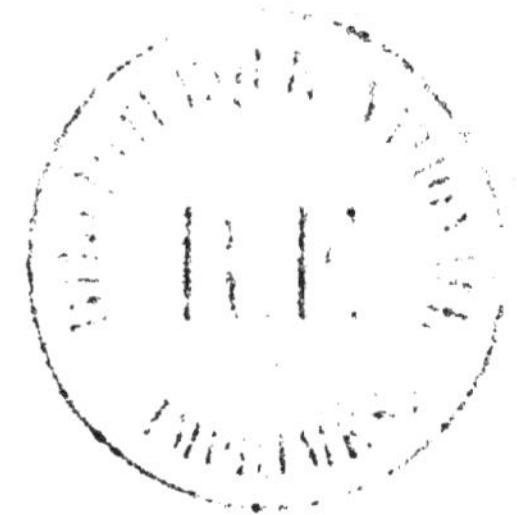

PARIS

AMYOT, LIBRAIRE-ÉDITEUR

8, RUE DE LA PAIX, 8

1874

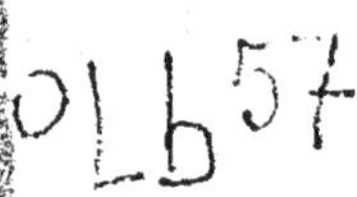

I

La France trouvera son salut dans les institutions qui lui ont donné, de 1852 à 1867, quinze années de bien-être, de prospérité et de grandeur.

Observez les événements.

Les mêmes hommes qui ont voté d'acclamations la déchéance de Napoléon III, ne savent conduire les affaires qu'en empruntant successivement à l'Empire tous ses procédés de gouvernement.

La déchéance ! triste spectacle pour le monde civilisé !

Le souverain est vaincu et prisonnier de l'ennemi; il est tombé.

Les échos de la patrie ne lui apportent que la colère et l'anathème.

On se figure, dans ces temps de trouble et d'infortune, alléger la nation tout entière de la responsabilité qui lui revient en choisissant le plus malheureux pour le déclarer le seul coupable.

Vous n'avez pas prétendu, en prononçant la déchéance, frapper un homme à terre; c'eût été lâche et misérable; vous espériez flétrir un régime politique, vous vouliez dire que tous ceux qui s'étaient faits ses auxiliaires ne méritaient plus la confiance du pays; vous vouliez dire surtout que le pouvoir entre vos mains adopterait d'autres principes que ceux dont vous condamniez l'application dans la personne de l'Empereur.

Ah! quelle rétractation depuis cette journée de dupes où les droites s'étaient laissées aller à des rancunes et à des haines habilement exploitées par les révolutionnaires!

Le parti conservateur dans l'Assemblée nationale est représenté par des groupes dont l'importance donnerait une fausse idée de la répartition des opinions politiques en France.

Cela tient à la composition même de la Chambre.

Je n'ai pas la pensée de contester à l'Assemblée la validité de ses droits et de ses actes; je respecte en elle la seule force sociale organisée, autour de laquelle notre malheureux pays pourra préparer sa reconstitution; et, si je signale les côtés délicats de ses origines, ce n'est pas pour infirmer son autorité.

Les élections de l'Assemblée nationale ont été décidées d'urgence, sans l'observation des délais ordinaires.

On en parle, pour la première fois, dans les derniers jours de janvier; le 5 février le gouvernement de la défense nationale discute encore leur date, il la fixe pour le 8, « afin de les hâter pour servir l'intérêt républicain (1). »

Un décret du ministre de l'Intérieur déclare inéligibles tous les anciens fonctionnaires de l'Empire et tous les candidats officiels depuis 1851.

Il n'est rapporté qu'à la dernière heure.

Les hommes qui, à un titre quelconque, ont servi l'Empire sont prévenus; il y a une doctrine exprimée devant une commission d'enquête, elle se formule par ces mots : « Il faut interdire la politique aux Bona-

(1) Procès-verbaux du Gouvernement de la Défense nationale du 5 février.

partistes, » en bon français — les mettre hors la loi (1).

— Ainsi — période préparatoire de l'élection : illusoire.

— Exclusion des candidats bonapartistes — rapportée à la dernière heure seulement.

— Éligibilité des membres du gouvernement de la défense nationale, des généraux exerçant des commandements, des fonctionnaires de la République.

Enfin dans les centres où la République n'a pas encore acquis la domination, les candidats monarchistes, qui, pendant dix-huit ans, ont frappé inutilement à la porte du suffrage universel, la trouvent toute grande ouverte, grâce à l'ostracisme prononcé contre les Bonapartistes.

Cela explique comment les Bonapartistes sont rares à la Chambre, quoique nombreux dans le pays.

L'Assemblée nationale résume toutes les oppositions à l'Empire; et cependant, lorsque la majorité

(1) Déposition de M. Gambetta, t. I, *De l'Enquête*, p. 550.

conservatrice s'est sentie menacée par les progrès de la démagogie, elle s'est adressée aux hommes et aux institutions du passé, comprenant bien qu'il n'est pas possible de réaliser sans eux la cohésion des éléments conservateurs.

Elle a porté à la présidence de la République le maréchal de Mac-Mahon.

Sa bravoure chevaleresque et sa loyauté incomparable lui avaient gagné l'affection de Napoléon III ; ses plus hauts grades ont été conquis sur les champs de bataille de Crimée et d'Italie ; dignitaire de l'Empire, placé près des marches du trône, il avait été désigné, dans des circonstances solennelles, comme représentant direct de l'Empereur auprès des grandes cours de l'Europe.

Le duc de Magenta est inféodé historiquement à l'Empire.

Sa carrière, son honneur, ses gloires et ses défaites, — tout est là.

La majorité a porté à la présidence de l'Assemblée M. Buffet, ancien ministre. Le libéralisme de cet homme politique éminent ne s'effrayait pas de collaborer à la marche des affaires de l'Empire.

L'Assemblée a donné son approbation empressée à la nomination de M. Magne, comme ministre des finances ; il reprenait un poste qu'il occupait le 4 septembre, depuis plusieurs années.

La réintégration de M. Magne a été la réponse éloquente de la conscience publique aux calomnies dont nous avions été victimes.

Les hommes du 4 septembre, concertant un plan infâme pour diminuer l'odieux de leur usurpation, avaient voté la proposition « de rechercher la situation où le gouvernement impérial a laissé les finances de la France, et de mettre au jour *les vols et les spéculations honteuses du personnel impérial* (1). »

Les auteurs de cette déclaration audacieuse savaient fort bien que le contrôle financier imposé par la Constitution rendait impossible, même pour le Souverain, le moindre détournement des deniers de l'Etat ; mais ils cherchaient des circonstances atténuantes pour leur usurpation, en taxant d'indignité le régime précédent.

Le mot d'ordre fut compris; les créatures du

(1) Procès-verbaux du Gouvernement de la Défense nationale (séance du 12 septembre).

4 septembre, disséminées dans les provinces, répandirent la nouvelle que l'Empereur et ses ministres avaient emporté les richesses du trésor public, après avoir gaspillé, pendant des années, les ressources du pays.

Cependant les accusateurs détenaient le pouvoir, qu'ils devaient quitter sans rendre des comptes; leurs investigations dans chaque ministère et dans chaque branche de l'administration s'exerçaient sans limites; ils trouvèrent partout la régularité la plus minutieuse: tous ces bruits absurdes tombèrent d'eux-mêmes, et il n'en resta que la honte et le mépris pour ceux qui les avaient inventés.

Une autre crise du même genre se reproduisit ensuite.

Un député de la majorité, chez lequel les continences imposées à l'ambition développent des accès de fureur, composa un discours, dont la reproduction a été affichée dans toutes les mairies.

Des phrases évasives, étudiées à dessein, laissaient croire que l'argent des budgets votés avant la guerre, pour l'achat des canons, avait reçu une autre destination.

La réfutation était facile : il suffisait de se reporter aux états de situation du matériel publiés annuellement sous l'Empire.

M. Rouher s'acquitta de ce soin avec la perfection de son talent.

La réplique n'eut pas la publicité officielle de l'attaque.

M. Magne, ministre des finances, quelle protestation !

Se tourner dans un moment de détresse, pour relever la confiance et le crédit, vers un homme d'Etat, incarnation et personnification saisissante du régime financier de l'Empire, vers un ancien ministre, ami, confident et conseiller de Napoléon III.

Constater, par la tenue des différents marchés et par le mouvement ascensionnel des fonds publics, l'opportunité de cette mesure.

C'est rendre l'hommage le plus éclatant à la réputation de loyauté et de probité financière laissée par le dernier règne, aussi bien en Europe qu'en France.

Je m'arrête dans mes citations ; le choix des personnes n'a qu'une importance secondaire, comparé à la mise en pratique des principes de gouvernement autrefois critiqués pour renverser l'Empire.

Le pouvoir actuel est déjà armé d'une façon formidable par l'état de siége dans 39 départements; son caractère d'exception s'augmente de l'installation, hors de la capitale, de la résidence du gouvernement et de l'Assemblée nationale.

Tout cela ne suffit pas, et vous êtes encore forcés de demander aux lois anciennes une sécurité momentanée.

Vous êtes revenus au régime économique que vous aviez changé, uniquement pour nous désavouer : vos lois et vos projets de lois sont copiés sur les nôtres en les exagérant.

Vous annoncez des dispositions répressives pour la presse et pour les réunions.

Enfin, vous êtes en complet désaccord avec les travaux des comités de l'Union libérale, à l'aide desquels vous avez commencé, en 1867, l'agitation qui nous a conduits, de chute en chute, où nous en sommes.

Vos procédés d'imitation sont loin de nous déplaire.

Vous faites amende honorable.

Nous devons cependant vous prédire que vos empiétements, de plus en plus manifestes sur les doctrines que nous soutenions contre vous, ne produiront pas le résultat que nous en obtenions.

L'Empire était un colosse porté par le courant plébiscitaire.

L'autorité suprême émanant de tous, agissait pour tous.

Le pouvoir, dans ses origines, appartenait à la démocratie, et se résumait dans ces mots prononcés récemment par le Prince impérial : « Tout pour le peuple et par le peuple. »

Il s'appuyait fièrement sur le suffrage universel, ce symbole précieux de l'égalité politique, il était l'expression majestueuse des principes de 89 avec l'ordre, la sécurité et le prestige.

La constitution de 1852, sagement interprétée, maîtrisait la démocratie socialiste, tout en lui accordant les concessions que comporte notre époque d'études et de progrès.

Cette passion égalitaire-démocratique, qui est dans l'âme de la nation française, vous avez été assez imprudents pour croire qu'une majorité de quelques voix, dans un parlement, pourrait l'étouffer au profit d'une royauté.

Les conséquences de votre malheureuse tentative sont désastreuses et irréparables.

Vous avez complétement perdu, et *perdu à jamais*, le terrain électoral.

Les populations épouvantées se sont jetées dans les extrêmes, préférant toutes les pentes aux voies rétrogrades où vous vous proposiez de les mener, au mépris de leurs droits, par force et par surprise.

Les radicaux sont absolument maîtres des élections; les efforts pour détruire leur omnipotence pendant la période septennale des pouvoirs du maréchal de Mac-Mahon seront stériles et illusoires.

La candidature officielle remédierait-elle au mal?

Elle ne changerait rien, car elle n'apporterait pas au candidat cette dérivation du courant plébiscitaire qui profitait au candidat officiel de l'Empire.

Le peuple avait voté pour l'Empereur, il votait pour ses candidats.

Mutilerez-vous le suffrage universel?

Vous savez que l'épreuve est dangereuse : on en meurt quelquefois.

Essaierez-vous de redresser les choix du suffrage universel, en calmant les excitations qui partent journellement de la tribune, en modifiant ou en supprimant le régime parlementaire, cette source de tous nos maux?

Une pareille transformation nécessiterait une Assemblée nouvelle, vous n'auriez plus votre raison d'être, et votre dissolution livrerait le Pays aux aventures.

L'élection prochaine, l'élection menaçante, subversive, se dresse devant vous; les députés inévitables de l'avenir ont déjà donné leur programme mitigé dans les élections triomphantes de Paris, de Lyon et de l'Aude.

La horde s'avance, précédée par les fanfares révolutionnaires; elle s'abrite sous les plis protecteurs du drapeau de la légalité! L'armée lui obéit.

Place à la spoliation, place à l'incendie, arrière mânes des ôtages, arrière mânes des soldats tombés en combattant pour la civilisation!

Quelle superbe orgie se prépare devant deux peuples voisins qui guettent la France, déjà entamée, pour en arracher des lambeaux.

Conservateurs, vous touchez aux plus grands périls, que pouvez-vous faire ? qu'allez-vous faire ?

Vous avez à réparer les dommages d'un système qui a tout bouleversé en créant des parvenus.

Commencez par renvoyer les parvenus.

Le génie de désagrégation sociale de M. Gambetta s'est inspiré d'une méthode facile à saisir ; il a sondé les vices de notre Société et il les a exploités.

Il a ouvert dans l'armée des horizons à tous les mauvais soldats, en prodiguant l'avancement à tort et à travers, sans examiner les titres et les services.

Il a suivi les mêmes règles dans l'Administration et la Magistrature, en précipitant sur tous les emplois des parvenus sans autres précédents que des fréquentations douteuses ou d'anciennes complicités démagogiques.

Il a inventé les nouvelles couches sociales, en

soufflant l'ambition aux discoureurs de carrefour; il s'est acquis de la sorte une clientèle ardente d'avocats et de médecins de province, avides de pénétrer dans les assemblées délibérantes de la République.

Ces gens sont affolés, ils font dans les campagnes une propagande à outrance.

Il a placé ses adhérents dans les positions qui dominent le suffrage universel et il leur a prêté pour auxiliaires tous ceux qui, dans la commune, se plaisent au désordre; c'est ainsi qu'une infime minorité, s'emparant, en l'absence de l'autorité, de l'élection *par en bas*, semble représenter les opinions de la grande nation française.

Il fallait des matériaux de circonstance pour un pareil échafaudage.

Les radicaux ont inventé une langue nouvelle, ou pour mieux dire, ils ont dénaturé la signification de la langue française; à les entendre : lâcheté, indignité, dilapidation s'appellent héroïsme, honneur, probité; et de même pour toutes choses.

Ce langage se parle avec audace et cynisme, de

façon à en imposer aux crédules et même quelquefois à embarrasser les conservateurs de l'Assemblée.

Le pouvoir actuel remettra hommes et choses en place, à la condition d'agir en vue des intérêts généraux du pays, et non pour satisfaire des compétitions plus ou moins dissimulées. Le premier vote au sujet de la loi des maires, qui a renversé moralement M. le duc de Broglie, est un avertissement donné aux ministres disposés à s'abriter derrière le maréchal de Mac-Mahon pour ramener les prétendants de leur choix, et, malgré le compromis qui a tourné la crise, il est à craindre, selon l'expression d'un orateur (1), « que la fosse ne reste ouverte. »

La majorité de l'Assemblée, si on ne la divise pas par des intrigues monarchiques, se maintiendra unie pour fortifier le principe d'autorité par des lois protectrices.

Le parti conservateur reprendra confiance et s'organisera pour jouer sa dernière carte avec **l'Appel au peuple.**

(1) Discours de M. Lepère (séance de l'Assemblée nationale du 12 janvier).

Bon gré, malgré, vous y viendrez, comme vous êtes déjà venus aux hommes et aux institutions de l'Empire, à moins que vous ne préfériez la suprématie légale du radicalisme aux chances d'un Plébiscite qui seul aurait la puissance d'effacer et de réparer les traces lugubres de nos guerres civiles, d'amener la fusion des partis, de permettre l'oubli, le pardon, l'abandon des haines et des représailles.

Si vous sacrifiez le salut du pays à vos ressentiments, l'histoire inscrira sur les pierres tumulaires de la patrie en ruines :

Les Parlementaires l'ont tuée.

II

Je veux prouver que l'initiative de la guerre engagée si malheureusement contre l'Allemagne revient aux Parlementaires.

L'empereur avait obtenu 7 millions 500,000 suffrages au Plébiscite de 1870 : il ne pouvait que perdre en bravant les chances douteuses des batailles. Quant aux Bonapartistes, tant qu'ils restèrent aux affaires, placés sous la responsabilité directe du souverain, leur sagesse, leur expérience et leur habileté surent écarter tout prétexte de conflit.

Nous voulions éviter la guerre, sans cependant négliger les moyens de la soutenir.

Je disais pendant la discussion sur l'armée en 1867 :

« Supposez le désarmement des principaux Etats de l'Europe : est-ce que l'opinion publique n'approuverait pas le Gouvernement de réduire des charges très-lourdes sous tous les rapports pour les populations? La diminution de nos effectifs rencontrerait l'approbation générale.

« Comment, partant du même principe, hésiterions-nous à les augmenter, lorsqu'on songe qu'une impulsion unique suffirait pour concentrer sur nos frontières défectueuses, presque ouvertes, des rassemblements de troupes considérables?

« Les dispositions de nos voisins à notre égard sont-elles de nature à nous laisser sans appréhensions? Nous sommes en paix avec eux ; mais enfin leur langage empreint des enivrements de la conquête, la jactance du parti militaire du côté du Rhin, les imprécations du parti révolutionnaire du côté des Alpes, ne sont-ils pas autant de symptômes qui méritent nos réflexions et appellent notre prévoyance?... (Très-bien! très-bien!) Si nous n'en tirions pas un avertissement et un enseignement, serions-nous bien les représentants attentifs et décidés de cette grande famille française... (Très-bien! très-bien!) qui a traversé les siècles, drapée dans l'éclat de son autorité traditionnelle pour le règlement des questions européennes? (Vive approbation.)

« Nous ne voulons pas de guerres ambitieuses ou injustes; nous ne sommes pas une nation poussée par la folie des batailles, qui cherche à fonder une suprématie orgueilleuse et abusive; mais nous voulons une organisation militaire qui nous permette de garder la mâle attitude et le prestige qui conviennent à un pays comme le nôtre. (Nouvelle approbation.) (1) »

(1) Corps législatif, séance du 19 décembre 1867.

J'appuyais, dans ce débat, les idées du Maréchal Niel, ministre de la guerre, elles étaient repoussées par l'opposition, qui, après avoir refusé au gouvernement les moyens d'organiser puissamment nos ressources militaires, lui en a reproché plus tard l'insuffisance.

M. Thiers s'exprimait dans les termes suivants :

« Messieurs, il y a une chose qu'on oublie. *On dirait qu'il n'y a que la garde nationale pour défendre le pays, et que la garde nationale mobile n'étant pas constituée, la France est découverte!* Je vous le demande, à quoi nous servirait cette admirable armée active, qui nous coûte quatre à cinq cents millions par an? *Vous supposez donc* qu'elle sera battue dès le premier choc, et que la France sera immédiatement découverte. ON VOUS PRÉSENTAIT L'AUTRE JOUR DES CHIFFRES DE 1,200, DE 1,300, DE 1,500,000 HOMMES, COMME ÉTANT CEUX QUE LES DIFFÉRENTES PUISSANCES PEUVENT METTRE SOUS LES ARMES. Je ne dis pas que ce soit sur ces chiffres qu'on ait fondé votre vote, mais enfin ils vous ont fait éprouver, quand on vous les a cités, une impression fort vive. EH BIEN! CES CHIFFRES-LA SONT PARFAITEMENT CHIMÉRIQUES... LA PRUSSE, SELON M. LE MINISTRE D'ÉTAT, NOUS PRÉSENTERAIT 1,300,000 HOMMES. MAIS, JE LE DEMANDE, OU A-T-ON VU CES FORCES FORMIDABLES? *La Prusse, combien d'hommes avait-elle portés en Bohême en* 1866! 300,000 *environ...* C'est que, Messieurs, il ne faut pas se fier A CETTE FANTASMAGORIE DE CHIFFRES... CE SONT LA DES FABLES QUI N'ONT JAMAIS EU AUCUNE ESPÈCE DE RÉALITÉ. (*Approbation autour de l'orateur.*) Donc, qu'on se rassure, *notre armée suffira pour arrêter l'ennemi.* Derrière elle, le pays aura le temps de respirer et d'organiser *tranquillement ses réserves.* EST-CE QUE VOUS N'AUREZ PAS TOUJOURS DEUX OU TROIS MOIS, C'EST-A-DIRE PLUS QU'IL NE VOUS EN FAUDRA pour organiser la garde nationale mobile et utiliser ainsi le zèle des populations.

D'ailleurs, les volontaires afflueront. Vous vous défiez beaucoup trop de votre pays... »

Ces discussions instructives précédaient la guerre de trois ans; lorsqu'elle a éclaté, un ministère parlementaire partageait depuis six mois, avec l'Empereur, la responsabilité du gouvernement devant le pays.

Le chef du cabinet, M. Emile Ollivier, était un esprit superficiel; son talent oratoire, très-remarquable, lui servait à obtenir des effets de tribune, au détriment de la fermeté nécessaire pour défendre le pouvoir; ayant plus lu que médité, il se figurait que l'on protége les institutions avec des mots, et tandis que le principe d'autorité tombait en désuétude, il se mirait dans les flots d'une phraséologie stérile; il était malheureusement destiné à exercer une grande influence sur Napoléon III, dont la sûreté de jugement s'égarait au contact des séductions de l'éloquence.

Les autres ministres appartenaient à une fraction de la Chambre séparée de la majorité sur beaucoup de points; tous, signataires de l'amendement des 45 en 1867, et de l'interpellation des 116 en 1869, ils nous causaient la plus vive inquiétude pour la sécurité de l'empire, nous leur étions ouvertement hostiles.

Nous avions fondé le cercle de la rue de l'Arcade pour nous prémunir contre leur action dissolvante.

La guerre est entièrement leur œuvre.

Le 4 juillet, on reçoit à Paris la première nouvelle de l'acceptation par le prince Léopold de Hohenzollern, membre de la famille royale de Prusse, d'une candidature au trône d'Espagne; les Cortès devaient être appelées à se prononcer vers la fin de juillet.

Le 5, un député bien informé, ami de M. Emile Ollivier, interpelle le gouvernement sur ce sujet, à la grande surprise du Corps législatif.

Le 6, c'est-à-dire, 24 heures après le dépôt de l'interpellation, le ministre des affaires étrangères y répond par une sommation hautaine et impérieuse, qui, dans l'état de nos relations extrêmement tendues avec la Prusse, était une véritable déclaration de guerre :

En voici les termes textuels :

DÉCLARATION DU GOUVERNEMENT

« S. Exc. M. LE DUC DE GRAMONT, *ministre des affaires étrangères*. Je viens répondre à l'interpellation qui a été déposée hier par l'honorable M. Cochery.

« Il est vrai que le maréchal Prim a offert au prince Léopold de Hohenzollern la couronne d'Espagne et que ce dernier l'a acceptée. Mais le peuple espagnol ne s'est pas encore prononcé, et nous ne connaissons point encore les détails vrais d'une négociation qui nous a été cachée.

« Aussi une discussion ne saurait-elle aboutir maintenant

à aucun résultat pratique ; nous vous prions, Messieurs, de l'ajourner.

« Nous n'avons cessé de témoigner nos sympathies à la nation espagnole, et d'éviter tout ce qui aurait pu avoir les apparences d'une immixtion quelconque dans les affaires intérieures d'une noble et grande nation en plein exercice de sa souveraineté ; nous ne sommes pas sortis, à l'égard des divers prétendants au trône, de la plus stricte neutralité, et nous n'avons jamais témoigné pour aucun d'eux ni préférence ni éloignement.

« Nous persisterons dans cette conduite. Mais nous ne croyons pas que le respect des droits d'un peuple voisin nous oblige à souffrir qu'une puissance étrangère, en plaçant un de ses princes sur le trône de Charles-Quint, puisse déranger à notre détriment l'équilibre actuel des forces en Europe, (Bruyants applaudissements.) et mettre en péril les intérêts et l'honneur de la France. (Nouveaux applaudissements.)

« Cette éventualité, nous en avons le ferme espoir, ne se réalisera pas.

« Pour l'empêcher, nous comptons à la fois sur la sagesse du peuple allemand et sur l'amitié du peuple espagnol.

« S'il en était autrement, forts de votre appui, messieurs, et de celui de la nation, nous saurions remplir notre devoir sans hésitation et sans faiblesse. (Mouvement général et prolongé. — Applaudissements répétés.)

Le régime parlementaire pouvait seul conduire de la sorte une affaire dont les conséquences devaient être une grande commotion européenne.

Voyez-le fonctionner.

Cette difficulté Hohenzollern surgit, elle effleure à peine l'examen du pouvoir exécutif, elle arrive devant le pouvoir législatif, qui l'accueille avec les entrainements irréfléchis d'une assemblée exaltée par un appel aux susceptibilités nationales, et l'on compromet gravement la paix du monde, en moins de temps qu'on n'en prendrait pour conclure l'affaire privée la plus modeste.

Les procédés étaient différents lorsque Napoléon III avait la haute main sur les décisions.

Les expéditions de Crimée, d'Italie, et même la campagne du Mexique, arrêtée de concert avec l'Angleterre et l'Espagne, avaient été étudiées et débattues pendant des mois entiers ; toutes les chances étaient pesées et prévues.

La nation, protégée par le génie de son Empereur et par l'expérience de conseillers illustres, ne risquait pas d'être jetée légèrement et follement dans les aventures.

La candidature du prince Léopold de Hohenzollern, déjà présentée en 1869, avait été retirée à la suite d'un échange de notes diplomatiques.

Pourquoi avoir agi différemment en 1870?

Pourquoi, avant de paraitre avec éclat devant le Corps législatif, n'avoir pas épuisé tous les autres moyens de solution, soit du côté de l'Espagne, soit du côté de la

Prusse ; il était toujours temps de finir par la mise en scène dramatique avec laquelle on a débuté.

Le Corps législatif aurait parfaitement accepté du gouvernement une réponse évasive et peu accentuée, afin de ne pas gêner les négociations.

L'affaire Hohenzollern avait été portée si précipitamment devant le Corps législatif, qu'elle y arrivait entachée de malentendus et de confusions.

Une rédaction destinée à être lue à la Chambre avait été arrêtée entre M. Émile Ollivier et le duc de Gramont, elle fut soumise au conseil des ministres. L'Empereur désapprouva certaines expressions trop vives ; on résolut de les atténuer séance tenante.

Est-ce la rédaction première qui a été lue à la tribune?

Est-ce la rédaction modifiée sur les observations de l'Empereur?

Il y a deux versions contradictoires à cet égard, je les donne telles qu'elles résultent de documents officiels.

M. le maréchal Lebœuf. — Dans la matinée du 6, le Conseil des ministres délibéra.

« Quant à la réponse qui devait être faite à l'interpellation de M. Cochery, le Conseil était partagé sur la formule ; plusieurs membres, tout en reconnaissant que la rédaction qui leur était soumise était justifiée par les procédés de la Prusse, trouvaient la forme trop vive.

« Qu'il me soit permis de dire que l'Empereur était de cet avis. On adoucit les termes, mais à notre arrivée à la Chambre, nous trouvâmes une grande animation parmi les députés. M. Lefèvre-Pontalis, que je vois ici et qui siégeait au banc de l'opposition, peut vous dire que l'animation était très-grande et que le sentiment patriotique était vivement surexcité. Nous nous laissâmes entraîner, et la rédaction première ou une rédaction qui s'en approchait fut lue à la tribune. C'est là du moins ce que je crois me rappeler.

M. le Président. — Ainsi le Gouvernement avait entre les mains deux rédactions?

M. le maréchal Lebœuf. — Je ne peux pas vous renseigner d'une manière précise à ce sujet. Avait-on deux formules, ou avait-on indiqué, entre les lignes de la première, les modifications que l'on croyait devoir y apporter? Je ne saurais le dire.

M. le Président. — Les modifications furent-elles lues?

M. le maréchal Lebœuf. — Je crois me rappeler que les modifications apportées à la première rédaction ne furent pas lues, au moins entièrement.

« Nous adoptâmes une rédaction que l'on trouva plus digne, plus conforme au sentiment public. »

Voici maintenant la version de M. le duc de Gramont :

« M. le comte Daru. — Permettez-nous de vous poser une question sur ce point.

« La déclaration faite par nous à la Chambre le 6 juillet était-elle conforme à la décision prise en conseil des ministres?

« N'y a-t-il pas eu des modifications apportées à la rédaction première de cette déclaration?

« Un des témoins, qui a été entendu, a dit qu'on a apporté dans le conseil des ministres de l'adoucissement au langage que vous vous proposiez de tenir et que la rédaction modifiée n'a pas été lue à cause de l'état des esprits dans une certaine portion de la Chambre, qu'on n'avait pas voulu avoir une attitude qui aurait déplu à certains membres de l'Assemblée.

« M. le duc de Gramont. — Mon Dieu, cette question ne m'est pas agréable.

« M. le comte Daru. — Je vous demande pardon de vous causer ce désagrément, mais nous devons contrôler les déclarations les unes par les autres. Il a été dit au sein de la commission, que la réponse convenue n'avait pas été celle produite devant la Chambre. Vous répondrez si bon vous semble.

« M. le Président. — Il a été même dit que les changements ne s'étaient pas faits en conseil, mais à la Chambre.

« M. le duc de Gramont. — C'est une erreur!

« M. le comte Daru. — M. Saint-Marc-Girardin commet peut-être en effet une erreur. Mais voici en quoi la déposition que nous avons entendue diffère de la vôtre.

« Le changement aurait été fait en conseil des ministres : on aurait atténué la vivacité de votre langage.

« Vous auriez apporté au conseil une note. Sur les observations du conseil et de l'Empereur, qui étaient d'avis de modérer la vivacité de quelques expressions, des modifications dans ce sens auraient été apportées à votre rédaction, et il aurait été convenu qu'on lirait à la Chambre la note modifiée. Mais avant la lecture de cette note, en stationnant dans les couloirs, on aurait rencontré des députés très-animés, très-mécontents. Alors le gouvernement, ne voulant pas paraître moins sensible que la Chambre à l'injure de la Prusse, serait revenu à sa première rédaction et, à la séance, les ministres, après s'être concertés entre eux, auraient décidé que la première note serait lue, au lieu de la seconde dont le langage était plus conciliant.

« M. LE DUC DE GRAMONT. — Cette déposition est complétement inexacte. La rédaction a été arrêtée, en Conseil, à Saint-Cloud. Nous sommes partis de Saint-Cloud avec la minute de cette rédaction; je suis arrivé au ministère des affaires étrangères, où je n'ai eu que le temps de la dicter à deux membres de mon cabinet, dont je puis encore dire les noms, ou du moins celui de l'un d'eux. Quant à celui de l'autre, je le pourrais aussi, après quelques recherches, car j'ai encore de son écriture. La note a été lue telle qu'elle a été dictée à mes deux secrétaires. Pas un mot n'a été changé, pas un député ne m'a vu dans les couloirs entre le temps de la lecture et le moment de mon arrivée. Je suis parti du ministère des affaires étrangères et, peu de minutes après, j'étais à la Chambre. J'ai lu la note comme j'en étais convenu. Je me serais fait un scrupule d'y changer une virgule. Telle elle a été rédigée à Saint-Cloud, telle elle a été lue à la Chambre.

« M. LE COMTE DARU. — Je ferai remarquer que la même note, la même déclaration a été lue, si je ne me trompe, au Sénat, le même jour.

« M. LE DUC DE GRAMONT. — Tout ce qui est différent de ce que je viens de dire est inexact.

« *Un membre* — Le contraire a été dit à la Commission.

« M. LE DUC DE GRAMONT. — C'est inouï; je ne puis pas le comprendre (1)!

MM. le maréchal Lebœuf et le duc de Gramont ne sont pas seuls à éprouver quelque trouble en rassemblant leurs souvenirs; deux autres ministres du cabinet Ollivier ont déclaré à leurs intimes, non absolument qu'ils ne connaissaient pas les termes de la déclaration du duc de Gramont, mais que la discussion avait été si *bâclée* en conseil des ministres (je reproduis plutôt leur pensée que leur expression), qu'ils n'en avaient saisi la portée que devant la Chambre, et qu'elle paraissait pour eux une chose toute nouvelle.

Je ne m'avance pas trop en disant que l'Empereur a passé par les mêmes impressions.

A quelle inspiration obéissait donc M. Émile Ollivier, dont l'influence était certainement prépondérante?

Séparé de la majorité le jour où il lui avait arraché le vote déplorable de l'abandon des candidatures officielles; il se sentait vaciller sur son banc de ministre.

(1) Enquête sur le 4 septembre, tome I. Déposition du maréchal Lebœuf et du duc de Gramont.

L'affaire Hohenzollern, dans laquelle la Prusse avait les premiers torts, lui parut une excellente occasion pour se raffermir en établissant dans la Chambre un grand courant patriotique dont il prenait l'initiative; et comme il ne doutait de rien, il se figurait pouvoir diriger les événements à son gré et à son heure vers une solution pacifique.

Ni lui ni le ministre des affaires étrangères ne désiraient la guerre; ils ont été inconscients de l'ampleur que prendrait leur langage, attisé par les enthousiasmes et les emportements de l'Assemblée; une fois sur cette pente terrible, ils furent incapables de s'arrêter.

La Prusse, très au courant de notre état militaire, pénétrée de la supériorité de son organisation et de ses ressources, cherchait des équivoques pour exiger, en cas de conflit, l'alliance des États du Sud, en nous attribuant le rôle d'agresseurs.

La candidature du prince Léopold était un essai pour tâter le terrain; cependant M. de Bismark fut déconcerté par la précipitation des allures du gouvernement français, allures en désaccord avec nos moyens d'action et avec tous les précédents connus de la diplomatie.

Ses alarmes furent très-vives.

Était-il dupe de ses propres manœuvres?

Avions-nous des alliances secrètes?

Étions-nous prêts?

Il lui fallait quelques jours pour s'éclairer en interrogeant les différentes chancelleries, ce qui n'empêchait pas les troupes allemandes d'être mises en mouvement dès le 10 juillet, pendant que nous en étions encore à épiloguer sur les nuances plus ou moins explicites du langage tenu par le roi de Prusse à notre ambassadeur.

L'armée allemande commençait à se concentrer le 10 juillet.

Le 13 juillet, c'est-à-dire sept jours après la déclaration du duc de Gramont, M. de Bismark est fixé; il sait que la France est seule, il n'hésite plus, il jette le masque et il proclame officiellement, en s'adressant à lord Loftus, ministre d'Angleterre à Berlin :

« Qu'il fallait que la France donnât une rétractation
« ou une explication satisfaisante du langage menaçant
« tenu par le duc de Gramont, sinon que le gouverne-
« ment prussien serait obligé d'exiger une *satisfaction*
« de la part de la France.

« Il était impossible que la Prusse pût rester tranquille
« et *pacifique* après l'affront fait au roi et à la nation
« par le langage menaçant du gouvernement français. »

L'Allemagne exige des excuses et réclame des satisfactions uniquement pour le langage tenu à la tribune le 6 juillet, sinon *elle cesse de rester tranquille et pacifique.*

Cette prétention prussienne, placée en regard de

l'exaltation des esprits, aussi bien en France que de l'autre côté du Rhin, c'est la guerre, absolument la guerre prenant sa véritable origine dans la déclaration du duc de Gramont, le 6 juillet.

M. Garnier-Pagès avait eu raison de s'écrier, après l'avoir entendue :

« La guerre est déclarée par de semblables paroles. »

Un autre membre de l'opposition ajoutait :

« Par votre espèce d'ultimatum, vous vous êtes mis « en dehors des formes diplomatiques ordinaires. »

Cependant la Prusse dissimule plus ou moins ses ressentiments jusqu'au 13.

M. le duc de Gramont, lui-même, dit dans sa déposition, devant la commission d'enquête à l'Assemblée nationale (tome Ier, page 106) :

« Le fait est que la guerre a été déclarée à Berlin le « 13 juillet au soir, et que depuis le 10 les armements « militaires n'ont pas discontinué. »

La commission d'enquête de l'Assemblée nationale, composée de députés tous hostiles à l'empire, apprécie, dans son rapport, les intentions de la Prusse le 13 juillet, comme il suit :

« Pour tout juge impartial, le 13 juillet 1870, c'était

évidemment le cabinet prussien qui voulait la guerre, qui en avait pris son parti, qui craignait même que l'occasion ne lui en échappât, et qui inventait des moyens de se la faire déclarer. Mais tout juge impartial doit aussi reconnaître que la Prusse n'avait pas eu cette volonté absolue au commencement de la candidature du prince de Hohenzollern. Le roi de Prusse avait hésité entre la paix et la guerre; M. de Bismark lui-même, quoiqu'il pensât sans cesse à la guerre contre la France, n'avait pas cru dès l'abord que la candidature espagnole fût l'occasion et le moment le mieux choisi et le plus favorable. La précipitation et l'outrance des paroles du gouvernement français avaient créé une situation plus belliqueuse que n'était des deux côtés le sentiment des parties. Les rôles avaient changé pendant la négociation; la France y était entrée belliqueuse, de paroles au moins, et en était sortie pacifique d'intentions; nous croyons sur ce point M. de Gramont. La Prusse y était entrée pacifique dans la première heure du moins, et en était sortie belliqueuse de volonté et d'action (1).

Le 13 juillet, il n'y a plus d'autre issue que le recours aux armes.

Voilà un point sur lequel tout le monde est d'accord.

J'aurai complétement disculpé les Bonapartistes en prouvant, d'une façon irréfutable, que du 6 au 13 juillet, non-seulement ils n'ont pas pesé sur les événements, mais qu'ils en ont ignoré toutes les péripéties, et alors on ne saurait leur imputer un autre rôle dans l'enchaînement fatal des faits que celui des autres partis

(1) Rapport de M. Saint-Marc-Girardin, président de la commission d'enquête de l'Assemblée nationale, page 61.

politiques; la presse bonapartiste n'a été ni plus modérée ni plus animée que la presse orléaniste, légitimiste ou républicaine, le même diapason élevé les caractérisait; il n'y a qu'à lire les journaux du temps pour s'en convaincre.

Suivons, avec le *Moniteur officiel* sous les yeux, sans en rien omettre, les séances du Corps législatif du 6 au 13 juillet, pour placer hors de discussion l'abstention flagrante des Bonapartistes pendant cette période.

Séance du 6 juillet. — Aucun membre de la majorité ne prend la parole; la discussion est close après la communication du gouvernement.

Séance du 7 juillet (affaires allemandes). — Observations très-courtes présentées par des membres de l'opposition. — La majorité ne prend aucune part au débat.

Séances des vendredi, samedi et lundi, 8, 9 et 11 juillet. — La question allemande n'est pas abordée.

Séance du 12 juillet. — M. Clément Duvernois et le comte de Leusse déposent l'interpellation suivante, qui, en raison de sa rédaction ménagée, ne donne lieu à aucune observation.

« Nous demandons à interpeller le cabinet sur les garanties qu'il a stipulées ou qu'il compte stipuler pour éviter le retour de complications successives avec la Prusse.

« Les honorables membres ajoutent qu'ils s'en remettent

à la Chambre et au Gouvernement pour la fixation du moment convenable pour la discussion. »

Je ne poursuis pas plus avant l'exposé des séances. Tout ce qui se passe au Corps législatif, *à partir du 13 juillet* (1), s'accomplit sans contre-coup et sans portée possible sur des résolutions définitivement arrêtées à Berlin, de l'aveu même du ministre des affaires étrangères du cabinet Ollivier et de l'aveu unanime des membres de l'Assemblée nationale qui s'étaient donné pour tâche d'étudier à fond les origines de la guerre; et c'est ici qu'apparait la duplicité de ceux qui ont voulu accuser le parti autoritaire de l'Empire.

Ils ont volontairement omis les dates en citant une interpellation dont j'étais l'auteur, comme l'indice des tendances belliqueuses de la majorité. Or, cette interpellation n'a été conçue, rédigée et déposée, séance tenante, que le 13 juillet; elle se proposait de relever l'attitude indécise du ministère, lorsqu'aucune puissance humaine ne pouvait plus empêcher le recours aux armes.

Langage, tenue, interruptions, vote de la droite, tout cet ensemble de manifestations qui caractérise la volonté d'un parti ne se produit qu'après le 13 juillet.

J'ajouterai que la majorité du Corps législatif, revenue

(1) *La France et la Prusse avant la guerre*, par M. le duc de Gramont p. 223.

de ses premiers élans, ne s'est décidée qu'après beaucoup d'hésitations à suivre le ministère dans les voies belliqueuses où il engageait le pays.

J'avais été délégué, le 11 juillet, par un groupe important de la droite, pour interroger le maréchal Lebœuf sur la situation de notre armée et de nos ressources militaires; ma qualité de vice-président du Corps législatif me valut un accueil plein d'abandon; le ministre m'affirma, avec des détails minutieux, que nous étions prêts à entrer en campagne; que notre armement était supérieur à celui de la Prusse; que nous avions une avance très marquée sur l'Allemagne pour la concentration des troupes, pour la réunion et la mobilisation de nos contingents; enfin, il manifestait la confiance la plus absolue.

Je rendis compte de cet entretien à mes amis politiques, et alors seulement, nous convînmes d'accepter et de seconder résolûment une guerre reconnue tôt ou tard inévitable, aux origines de laquelle nous étions complétement étrangers.

Le maréchal Lebœuf et les autres ministres manifestaient hautement leur foi dans le succès; j'en trouve un témoignage intéressant dans la déposition de M. Dréolle, député, membre de la Commission chargée d'examiner, le 15 juillet, les crédits supplémentaires demandés pour commencer les hostilités.

« Nous avions plusieurs de nos collègues, M. de Kératry,

entre autres, qui poussaient très vivement à la guerre. Quand je voulus poser deux ou trois questions à M. le maréchal Lebœuf, lui demander ce qu'il allait faire des soldats autorisés par lui-même à se marier, et s'il comptait sur des hommes qui étaient dans leurs foyers depuis longtemps, le maréchal Lebœuf me répondit : « Nous sommes prêts! Nous sommes prêts! » Ses collègues le répétaient également. J'ai suivi le courant avec regret, mais je l'ai suivi. Si bien que, lorsqu'il s'est agi de faire le rapport, plusieurs de mes collègues me désignèrent ; je me récusai, et l'on en chargea M. de Talhouët, qui avait beaucoup plus d'autorité que moi, qui avait été ministre, et qui devait parler en notre nom dans une circonstance aussi grave. »

Quelle animation chez ces parlementaires, accueillant des objections d'un membre de la majorité par cette seule réponse devenue leur programme : « Nous sommes prêts, nous sommes prêts! »

Enfin, un ancien ministre du cabinet Ollivier, M. de Talhouët, est chargé d'un rapport décisif, qui légitime et approuve le recours aux armes.

Au moment le plus critique, l'opposition eut un éclair de sincérité, ne songeant pas alors à déplacer les responsabilités.

M. Jules Favre s'écriait, le 15 juillet :

« Or, si nous avons la guerre, c'est grâce à la politique du cabinet. Il y a quelques jours, il n'y avait aucun sujet d'inquiétude. »

« Voilà ce que vous avez dit. Et quand une question secondaire est née, le cabinet devait la résoudre en suivant les voies prudentes de la diplomatie et en ne portant pas à la tribune un défi qui nous a conduits dans la voie belliqueuse où nous sommes. C'est la première faute du cabinet. »

Oui, nous avions la guerre, grâce à la politique funeste de ce cabinet dont M. Thiers avait pu dire, à la séance du 27 janvier 1870 : « Mes opinions sont « assises sur les bancs des ministres. »

Je retiens cet aveu ; le ministère Ollivier appartenait à l'école de M. Thiers, de cet homme d'État qui résume, dans son individualité puissante, tous les méfaits du régime parlementaire ; il n'avait rien de commun avec les Bonapartistes de la droite, auxquels on ne saurait reprocher la guerre de 1870, sans injustice ou mauvaise foi.

LE MINISTÈRE DE L'IMPÉRATRICE RÉGENTE ET LE 4 SEPTEMBRE

III

J'étais ministre des travaux publics, lorsque l'empire a été renversé par des révolutionnaires décidés à fonder leur fortune politique sur les ruines et les désastres de la patrie, et je tiens à faire connaître pourquoi nous n'avons pas résisté à la faction qui s'est emparée du pouvoir.

Nous avions succédé au cabinet parlementaire Ollivier, qui nous léguait une situation gravement compromise.

L'armement de la population de Paris avait été consenti par nos prédécesseurs sur une demande de la gauche formulée dans les termes les plus menaçants; l'opposition inaugurait de la sorte un système de provocations et d'appels à la guerre civile qui s'est continué sans relâche jusqu'au dénoûment du 4 septembre.

La loi fut votée d'urgence à l'unanimité.

Le peuple de Paris reçut des armes dans le courant du mois d'août; tous les hommes valides qui se présentèrent aux mairies emportèrent un fusil, pendant que les troupes régulières organisées à la hâte quittaient successivement la capitale pour se porter aux frontières de l'est.

Cependant, nous n'étions pas découragés, nous espérions que les circonstances nous deviendraient moins défavorables; un succès reconstituerait l'ancienne majorité rendue indécise et chancelante par les violences journalières de la gauche.

Nous étions assez naïfs pour attendre une aspiration élevée de la part d'une opposition composée d'hommes qui spéculaient déjà sur nos revers.

Nous comptions, sinon sur leur concours, du moins sur leur apaisement.

Nous nous étions donnés avec passion uniquement à la défense du pays et nous pensions que nos adversaires politiques feraient comme nous, en renonçant au moins momentanément à leurs doctrines et à leurs projets.

Enfin, nous étions soutenus par l'attitude remarquable

de l'Impératrice-Régente, dont les facultés semblaient grandir en même temps que les périls. Sa nature d'élite révélait dans les moments difficiles une rectitude de jugement, une énergie et un tact qui auraient allégé les malheurs de la France et sauvé le dynastie, si la fatalité n'avait remis le soin de notre conservation à celui qui songeait le plus à profiter de notre chute.

Je veux parler de la nomination du général Trochu comme gouverneur de Paris.

Ce général jouissait dans l'armée d'une grande notoriété, son mérite secondé par des chances heureuses lui avait permis de franchir rapidement tous les grades pour porter très-jeune l'épaulette de général de division, il ne pouvait aller plus haut sans circonstances extraordinaires, et il était un de ces favorisés insatiables auxquels la haute opinion de soi et l'ambition démesurée ne laissent ni trêve ni repos; il devint un mécontent sans trop savoir pourquoi, et il employait la verve intarissable de sa parole facile à déblatérer sur tout et contre tout.

Il fut nommé, en août 1870, commandant d'une division de l'armée du camp de Châlons, où il vit l'Empereur, dont l'âme généreuse et loyale était toujours accessible aux protestations de dévouement.

Le général Trochu *se proposa* à Napoléon III pour occuper le poste de confiance de gouverneur de Paris, déployant toutes les ressources d'un langage brillant et persuasif pour gagner la confiance du souverain qu'il devait perdre.

Écoutons le maréchal de Mac-Mahon raconter cet incident :

« Vers 8 heures, le 17 août, je fus appelé par l'Empereur. Je le trouvai devant le pavillon impérial. Dans ce moment, il causait avec le prince Napoléon et le général Trochu. Près d'eux se trouvaient le général Schmitz et le colonel Berthaut.

« Le Prince Napoléon exprimait à l'Empereur ses inquiétudes sur un mouvement révolutionnaire qu'il croyait près d'éclater à Paris. Il dit à l'Empereur que, selon lui, il n'y avait que le général Trochu qui, par ses antécédents, fût en mesure d'arrêter ce mouvement, et qu'il devrait être nommé gouverneur de Paris.

« Le général Trochu paraissait partager l'opinion du Prince. *Il exposa à l'Empereur qu'il avait eu tort de ne pas avoir en lui confiance entière. Il l'assura de son dévouement, lui promettant que s'il était envoyé à Paris comme gouverneur, il agirait de manière à lui en donner des preuves certaines.*

« L'Empereur, qui parut étonné de cette proposition, ne répondit pas d'abord. Sous un prétexte que je ne me rappelle pas, il rentra dans son cabinet en me faisant signe de l'y suivre. Là, il me demanda si je connaissais le général Trochu, *s'il pouvait avoir en lui confiance entière.* Je lui répondis que je connaissais le général depuis de longues années, que c'était un homme d'honneur, un homme de cœur et qu'il pouvait compter entièrement sur l'engagement qu'il prenait. C'était ma conviction intime (1). »

L'Empereur hésitait à se rendre aux instances du

(1) Déposition du maréchal de Mac-Mahon.

général Trochu, et il fallut l'appui moral du maréchal de Mac-Mahon pour le décider.

Le rapporteur de la commission d'enquête de l'Assemblée nationale dépeint avec beaucoup de verve l'entrevue de Châlons.

« Arrivé à Châlons, le général Trochu y trouva l'Empereur : on peut croire qu'entre ces deux esprits, il y avait des affinités secrètes d'imagination : dans l'Empereur, une intelligence rêveuse, [illegible] ses malheurs récents et imprévus ouvraient aisément aux projets et aux systèmes qui pouvaient le consoler; dans le général Trochu, l'idée d'être le principal acteur d'un drame hardi et nouveau, l'empire conservé et ressuscité avec l'Empereur et par l'Empereur, sans les ministres et sans la Régente; un plan conçu, expliqué, réalisé par la parole ardente et presque effective du général; un espoir inattendu restitué à une cause perdue et qui croyait déjà l'être. Voilà la pensée, les sentiments, les prestiges à l'aide desquels le général Trochu, pour me servir d'une expression de M. Jérôme David, *empoigna* l'Empereur et fut nommé, à Châlons, gouverneur militaire de Paris (1). »

Le général Trochu est nommé, il se rend à Paris, où il apprend que l'Empereur ne quitterait pas le camp de Châlons comme cela avait été convenu, il persiste, néanmoins, à prendre possession de son commandement.

M. Henri Chevreau, ministre de l'Intérieur, nous instruit des particularités de l'arrivée du général Trochu à Paris :

(1) Rapport de M. Saint-Marc-Girardin

« J'étais dans mon cabinet vers minuit ou minuit et demi, je travaillais avec mon chef de cabinet et le chef de division de la sûreté générale. M. le général Trochu entra; il était en costume militaire, suivi de son chef d'état-major et d'un aide de camp. Sa première parole fut celle-ci : « Je suis nommé gouverneur de Paris et je vous apporte le décret de l'Empereur qui me donne ce commandement. »

« Je fus très étonné; je lus le décret; l'Empereur mettait sous les ordres du général Trochu toutes les forces, garde nationale et armée, qui pouvaient concourir à la défense de Paris. Voyant la surprise que j'éprouvais, le général me montra une lettre que l'Empereur lui avait écrite, et dans laquelle Sa Majesté faisait appel à son dévouement et lui témoignait sa confiance.

« Le général Trochu insista très vivement pour que ce décret fût inséré la nuit même au *Journal officiel*. Je lui fis observer que c'était très difficile, qu'il me fallait prévenir mes collègues du Conseil, et en tous cas, et certainement S. M. l'Impératrice ; que c'était un retard de vingt-quatre heures qui ne pouvait pas avoir d'importance. — Il me répondit que cela avait au contraire une grande importance, parce qu'il précédait l'Empereur de quelques heures seulement. — « Vous vous trompez, lui dis-je ; l'Empereur ne vient pas à Paris. » — Il fut très étonné à son tour et me dit : « Je viens de quitter l'Empereur ; il me suit. Mais il y a une autre raison pour que le décret paraisse demain. Je ramène de Châlons les mobiles de Paris ; ce sont des troupes très jeunes, très ardentes ; elles ont confiance en moi, je crois même qu'elles n'ont confiance qu'en moi et dans le général Bertaud, qui les commande directement ; il est indispensable que ma nomination paraisse au *Journal officiel* avant l'arrivée des mobiles ; ils seront à Paris ce matin, entre six et huit heures (1). »

(1) Déposition de M. Henri Chevreau.

Le général Trochu savait combien le conseil des ministres se défiait de lui ; aussi était-il revenu escorté de 20,000 jeunes soldats parisiens pour mettre le gouvernement de l'Impératrice-Régente dans l'alternative, ou d'agréer sa nomination signée par l'Empereur, ou de s'exposer à la sédition d'une troupe turbulente et mal disposée pour l'empire.

Il avait préparé ses mobiles à tout événement, en les informant que le ministre de la Guerre voulait les tenir éloignés de leurs foyers, et que lui les ramenait, parce que *leur droit* était d'y revenir.

Le ministère céda.

Le général Trochu prit possession de son commandement; et, dès ce jour, nous fûmes absolument à sa discrétion.

Il n'entre pas dans le cadre de ce travail de suivre les actes du gouverneur de Paris : ses proclamations, ses rapports avec les notabilités de l'opposition, ses discours et ses propos, les obstacles apportés par ses agents au séjour, à Paris, des volontaires envoyés par la province pour y maintenir l'ordre, la dissolution des cadres de l'ancienne garde nationale, opérée par son influence; tous ces faits constituent un ensemble de conduite sur lequel l'opinion publique a déjà dit ses impressions défavorables par la voix du jury.

J'arrive de suite au 3 septembre, lorsque nous reçûmes

les premiers renseignements sur la défaite de l'armée du maréchal de Mac-Mahon.

Pendant le conseil des ministres, tenu dans la matinée du 3 septembre, des dépêches privées annoncèrent la défaite de l'armée française aux environs de Sedan ; un télégramme, adressé en Belgique, parlait de la blessure du maréchal de Mac-Mahon et de la captivité de l'Empereur.

Dans la journée, nous décidâmes de communiquer tout ce que nous savions au Sénat et au Corps législatif. Je fus chargé de la mission délicate de prendre la parole au Sénat, au nom du gouvernement; je m'y rendis de suite, et je m'exprimai en ces termes :

« Messieurs les sénateurs, je vais avoir l'honneur de vous faire une communication au nom du gouvernement, car il désire porter à votre connaissance, aujourd'hui, comme il l'a fait en toutes circonstances, les nouvelles qui lui sont arrivées. Ces nouvelles n'ont pas de caractère officiel; elles nous sont parvenues par des voies multiples et diverses.

« Nous avons appris que le maréchal Bazaine avait échoué dans une tentative récente pour se dégager de l'étreinte des armées ennemies qui entouraient la ville de Metz. Cette tentative héroïque, héroïquement conduite, a obtenu l'admiration de nos ennemis eux-mêmes, et dans les bulletins officiels publiés par le roi de Prusse, nous avons au moins la consolation qu'il a rendu hommage à l'énergie et à la valeur incomparable de nos soldats.

« Le maréchal de Mac-Mahon, après avoir essayé de se lier avec le maréchal Bazaine, de lui tendre la main, a été rejeté dans la direction du nord, et est venu se placer avec ses troupes aux approches de la ville de Sedan.

« Plusieurs jours de combat se sont succédés avec des alternatives de succès et de revers.

« Les troupes du maréchal de Mac-Mahon luttaient contre un ennemi de beaucoup supérieur en nombre, et, malgré les efforts les plus énergiques, sa tentative parait s'être terminée d'une façon malheureuse pour nos armes.

« Voilà les renseignements que je puis porter à la connaissance du Sénat. Il en est d'autres qui sont arrivés par la voie prussienne et qui seraient encore plus défavorables à notre cause. Mais le gouvernement se regarderait comme coupable de leur donner l'authenticité et la notoriété de cette tribune, lorsque aucun renseignement digne d'une foi sérieuse ne lui est parvenu à cet égard.

« Qu'il me soit permis d'ajouter, au nom du gouvernement, que si nos revers nous affligent, que si nous ne pouvons assister sans émotion à tant de valeur, à tant d'abnégation, à tant de courage et à tant de dévouement, toutefois, ce spectacle terrible, loin de nous enlever notre énergie, l'augmente et la redouble. (Bravo! — Très-bien! très-bien!)

« Depuis que le cabinet, il y a peu de temps, — vingt jours à peine, — a été appelé à prendre le pouvoir, il a tourné tous ses efforts vers la constitution des moyens de résistance de la France.

« Vous savez avec quelle suite, avec quelle sollicitude, avec quel zèle infatigable le ministre de la guerre, le comte de Palikao, a fait produire à la France et a réuni une partie des ressources qu'elle peut donner. Qu'il me soit permis d'ajouter que si ces ressources, il est vrai, ont été atteintes, cependant elles restent encore assez puissantes pour qu'avec l'énergie et la volonté de la nation nous puissions avoir le dernier mot dans cette lutte acharnée.

« Pour obtenir ce résultat, nous comptons sur la collaboration, sur le concours des corps constitués... (Oui! oui!) sur le concours du Sénat, et malgré les mauvais jours, aucun découragement n'entre dans nos âmes. (Bravos prolongés.) Nous espérons que, Dieu aidant, nous chasserons l'étranger du sol sacré de la patrie. (Applaudissements unanimes et prolongés.)

« M. le Président. — Messieurs, je me fais l'interprète du Sénat en répondant à la communication du Gouvernement qu'il peut compter, dans les mauvais jours comme dans les bons, et de la manière la plus absolue, sur l'inébranlable concours de la haute assemblée. (Vive approbation.)

« Ne nous effrayons pas des premiers revers éprouvés; comptons sur l'énergie de la nation tout entière, et espérons que sous les murs de Paris nous prendrons la revanche éclatante des échecs que nous avons éprouvés à la frontière. (Oui! oui! — Marques unanimes d'assentiment.)

« M. le Ministre des travaux publics. — Je demande la permission d'ajouter quelques paroles qui correspondent à une idée qui m'a échappé, ce qui est bien naturel, avec l'émotion patriotique que j'éprouvais.

« M. le président du Sénat a parlé de la situation de la défense de Paris. Nous sommes heureux de vous dire que la défense de la ville de Paris se présente dans des conditions qui, selon tous les hommes compétents, lui permettent de défier les attaques de l'ennemi. Nous défendrons Paris dans ses forts;

nous défendrons Paris derrière son enceinte ; nous défendrons Paris dans ses rues! (Oui ! oui ! — Très-bien !)

« L'étranger ne fera pas capituler notre ville (Non! non!), et, s'il le faut, nous nous ferons enterrer sous ses décombres! (Très-vive approbation. — Bravos et applaudissements prolongés.) »

Ce discours montre que nous étions loin de nous attendre aux complications de la soirée et du lendemain. Il fut accueilli par les manifestations d'un véritable dévouement pour l'empire dont la cause était inséparable des intérêts de la France ; la tenue de cette haute assemblée était superbe. L'homme d'État illustre qui la présidait était convaincu que tous ses collègues iraient jusqu'aux dernières limites de l'énergie et du sacrifice, et vraiment, lorsqu'on se reporte aux enthousiasmes généreux de ces représentants éminents du parti conservateur en France, on est amené à déplorer, avec encore plus d'amertume et de colère, le crime des hommes du Quatre Septembre.

Le général comte de Palikao fit la même communication au Palais-Bourbon. où il se produisit un incident très-significatif.

M. Jules Favre prit la parole après le ministre pour déclarer que le gouvernement avait cessé d'exister, puis il ajouta, faisant allusion au général Trochu :

« Ce qui est nécessaire, c'est que, pour éviter la confusion. tous les partis s'effacent devant un nom militaire qui prenne la défense de la nation. Ce nom est connu, il est cher au pays, il doit être substitué à tous autres. (Exclamation sur divers bancs.) Devant lui doivent s'effacer tous les fantômes de gouvernement. Voilà le remède, je le dis à la face du pays : que le pays m'entende! (Très-bien ! à gauche. — Bruit.) »

Voilà dans quels termes élogieux le futur vice-président du gouvernement de la défense nationale parlait de l'homme qu'il aurait redouté le plus comme l'ennemi de ses sinistres projets, s'il ne l'avait eu pour complice.

Le vague des renseignements portés devant les grands corps de l'État fut dissipé par des dépêches dont l'Impératrice nous donna communication vers cinq heures aux Tuileries ; elles confirmaient la capitulation de Sedan et la captivité de l'Empereur; ces nouvelles nous consternèrent, elles n'étaient rien moins que favorables à la dynastie.

La France entière n'avait pas encore entendu le maréchal de Mac-Mahon s'écriant devant les représentants du pays : « Je déclare hautement et de toutes mes forces, « que la capitulation de Sedan, on peut l'appeler désas« treuse, mais non honteuse.

« Par le fait, ce n'est pas une capitulation préméditée, « c'est une armée qui a livré bataille dans de mauvaises « conditions, qui a été acculée par des forces supérieures « à une rivière, à une place dont il lui était impossible « de déboucher (1). »

(1) Déposition du maréchal Mac-Mahon.

Aussi étions-nous silencieux et désolés; le visage de l'Impératrice reflétait la souffrance, la volonté et la résignation; que de larmes sous la fixité de son regard! que de douleurs et d'anxiétés sous les tons d'une voix brève et saccadée consultant les inspirations de notre dévouement.

Nous rédigeâmes séance tenante une adresse à la population de Paris qui fut affichée le lendemain dans la matinée. Il fut convenu avec l'assentiment de M. Schneider présent, que le Corps législatif ne serait réuni que le lendemain afin de nous laisser le temps de nous concerter dans des conjonctures aussi graves.

J'étais au comité de défense vers 10 heures du soir, lorsque mon chef de cabinet, M. Lara Minot, vint me prévenir que le Corps législatif, convoqué pour 11 heures, tiendrait une séance de nuit, il en avait été lui-même informé indirectement par un député, M. le marquis de Nesle.

Cette nouvelle me causa un véritable désespoir, je prévoyais les avantages que trouverait l'opposition à nous saisir ainsi à l'improviste, nous n'avions pu nous entendre, examiner la marche à suivre, arrêter des résolutions; l'audace de nos ennemis n'avait à redouter aucune représaille immédiate et nous serions incapables de nous relever de la rudesse du choc qui nous menaçait.

Mes craintes n'étaient que trop fondées, la déchéance fut demandée à la Chambre.

L'article 3 de la proposition était ainsi conçu :

« Le général Trochu est maintenu dans ses fonctions de Gouverneur général de la Ville de Paris. »

Le lendemain matin, 4 septembre, nous nous réunîmes sous la présidence de l'Impératrice-Régente, et, sans reproduire les différentes opinions qui furent émises, je veux expliquer pour quelles raisons patriotiques nous n'avons pas résisté à l'attentat dont la France a été victime en même temps que l'Empire.

Il dépendait de nous d'accepter la lutte ou de l'éviter.

Nous disposions des forts avec lesquels nous tenions les faubourgs; leurs garnisons s'élevaient à 12,000 marins et soldats d'élite, commandés par des officiers énergiques et dévoués.

La Garde de Paris fournissait 4,000 hommes.

1,500 hommes de gendarmerie départementale.

500 hommes des dépôts de la garde impériale.

3,000 sergents de ville et agents de Police.

Cette troupe de 21,000 hommes était d'une solidité à toute épreuve; nous savions qu'elle n'hésiterait pas à soutenir la lutte la plus inégale sous les ordres du comte de Palikao.

La belle renommée militaire de ce chef intrépide garantissait le succès final.

Nous avions à combattre 100,000 électeurs de Rochefort, tous armés, il est vrai, dans le courant du mois d'août, mais peu portés à la vraie bataille.

Nous trouvions ensuite placés entièrement sous la dépendance du général Trochu et réglant leur conduite sur la sienne :

20,000 gardes mobiles de Paris.

5,000 soldats de l'armée régulière, venus pour la plupart de la réserve, pour former le 12me corps ; ils rejoignaient à contre cœur.

Enfin, les bataillons de l'ancienne garde nationale, privés de cadres, dans l'attente d'élections qui devaient avoir lieu le lendemain 5 septembre, se seraient cependant reformés instantanément à l'appel du Gouverneur de Paris qui était *l'idole de la bourgeoisie.*

Le combat, entrepris sans le concours du général Trochu, traînerait forcément en longueur.

Le combat entrepris, avec l'intervention favorable du général Trochu, se terminerait très-promptement, et, à cet effet, nous étions décidés à mener la lutte avec la plus grande vigueur.

Nous attendîmes, en vain, le général Trochu, il ne nous donna pas signe de vie.

Si nous voulons chercher comment il employait son temps pendant cette mémorable journée, nous apprendrons : « Que le 4 septembre, à trois heures, les « mobiles de Paris, qui avaient fomenté un commen- « cement d'émeute au camp de Saint-Maur, avaient « envoyé des délégués à Paris, sous prétexte qu'on « égorgeait leurs frères ; ils entouraient le général « Trochu, rue de Rivoli, criant : Vive Trochu ! Vive la « République (1) ! »

Le Gouverneur de Paris ne se contente pas d'abandonner l'Impératrice-Régente et son gouvernement, il se place à la tête du pouvoir insurrectionnel.

Les détails de son investiture nous sont révélés par la Commission d'enquête de l'Assemblée qui a recherché les actes du gouvernement de la défense nationale.

Nous lisons à la page 2 du rapport :

« Au 4 septembre, les députés de Paris au Corps Législatif « maîtres reconnus de la nouvelle Révolution, furent à « peine installés à l'Hôtel-de-Ville qu'ils mandèrent M. le « Général Trochu. Le Gouverneur de Paris n'hésita pas à « accepter d'eux une nouvelle investiture de ses pouvoirs « militaires, et non content de rester commandant en chef de

(1) Déposition de M. Jules Brame, t. I. *de l'Enquête*, p. 191.

« l'armée, il exigea la prééminence politique, et le titre de « Président du Gouvernement. M. Jules Favre, qui avait été « désigné positivement pour occuper le fauteuil, n'eut plus « que la vice-Présidence, il reçut d'ailleurs, pour sa part, « dans la distribution de porte-feuilles, le ministère des « Affaires étrangères. »

Quelques mois plus tard, les dignes collègues de M. Trochu, pénétrés de son incapacité militaire, le sommèrent de donner sa démission de général en chef. Des discussions s'engagèrent pendant lesquelles il déclara : n'avoir pris la Présidence du Conseil *que pour amener l'armée au Gouvernement après la Révolution du 4 septembre* (1).

Ainsi cette armée devant laquelle il ne s'est pas présenté lorsqu'il s'agissait de nous défendre, il l'amène comme don de joyeux avènement pour la Présidence de l'oligarchie, issue de l'émeute.

Hélas! les hommes de ce tempérament moral apparaissent, de temps en temps, pour montrer les plaies hideuses de la nature humaine, souvent dissimulées derrière des facultés exceptionnelles.

Il n'est pas né d'hier.

Jésus-Christ l'avait déjà rencontré sur sa route.

La félonie du général Trochu nous plaçait dans la

(1) Rapport sur les procès-verbaux du Gouvernement de la défense nationale, séance du 21 janvier 1872, page 137.

nécessité, pour vaincre sûrement l'insurrection d'engager non plus une lutte de quelques heures, mais une série de combats longs et meurtriers pendant lesquels les Allemands pénétreraient dans la capitale ouverte.

La guerre civile se prolongeant dans Paris, c'était la cessation des approvisionnements, la suspension des travaux d'armement et de défense dont l'urgence était telle qu'ils n'étaient pas terminés, douze jours après, lors de l'apparition de l'avant-garde prussienne.

C'était enfin livrer Paris aux allemands sans coup férir.

Des considérations du même genre empêchèrent la translation du siége du gouvernement en province.

Nous n'avons pas voulu une guerre civile qui aurait été une diversion décisive en faveur de l'étranger.

L'Impératrice-Régente refusait de conserver la couronne à ce prix, et, ne consultant que les nobles inspirations de son patriotisme, elle préféra se sacrifier à Paris pour sauver la capitale, de même que l'Empereur s'était sacrifié à Sedan pour sauver l'armée d'une destruction complète.

Ces vérités pénétrent dans beaucoup d'esprits malgré les versions mensongères que leur opposent les ennemis implacables de l'Empire. Peu à peu elles gagnent les consciences pour former ce mouvement irrésistible de l'opinion publique en dehors duquel, les trônes restaurés n'ont qu'une existence éphémère.

L'avenir appartient à Napoléon IV

61-71. — Boulogne (Seine). — Imprimerie Jules BOYER et Cie.

www.ingramcontent.com/pod-product-compliance
Ingram Content Group UK Ltd.
Pitfield, Milton Keynes, MK11 3LW, UK
UKHW022138190726
13855UKWH00003B/1211